Napoleon: Eine Novelle

Carl Sternheim

Alpha Editions

This edition published in 2022

ISBN : 9789356903579

Design and Setting By
Alpha Editions
www.alphaedis.com
Email - info@alphaedis.com

NAPOLEON

NAPOLEON wurde 1820 zu Waterloo im Eckhaus, vor dem sich die Steinwege nach Nivelles und Genappes trennen, geboren. Sein Kinderleben verließ historischen Boden nicht.

Über die durch Hohlwege gekreuzten Flächen, auf denen des Kaisers Kürassiere in Knäueln zu Tode gestürzt waren, gingen seine Soldatenspiele mit Gleichalterigen. Sie lehrten ihn ewige Gefahr, Wunden und Sieg.

Zwölf Jahre alt, nahm er von Kameraden beherrschten Abschied, sprang zum Vater in die Kalesche und fuhr nach Brüssel hinüber, wo er vor ein Gasthaus abgesetzt wurde. In der Küche des Lion d'or lernte er Schaum schlagen, Fett spritzen, schneiden und schälen. Gewohnter Überwinder der Kameraden auf weltberühmter Walstatt, ließ er auch hier ganz natürlich die Mitlernenden hinter sich und war der erste, der die Geflügelpastete nicht nur zur Zufriedenheit des Chefs zubereitete, sondern auch nach den Gesetzen zerlegte.

Er selbst blieb von allen Speisenden der einzige, den der Vol-au-vent nicht befriedigte, doch nahm er Lob und ehrenvolles Zeugnis hin, machte sich, siebenzehnjährig, auf den Weg und betrat an einem Maimorgen des Jahres 1837 durch das Sankt Martinstor Paris.

Als er von einer Bank am Flußufer die strahlende Stadt und ihre Bewegung übersah, wurde ihm zur Gewißheit, was er in Brüssel geahnt: Nie würde er aus den allem Verkehr fernliegenden Küchenräumen jene enge Berührung mit Menschen finden, die sein Trieb verlangte. Tage hindurch, solange die ersparte Summe in der Tasche das Nichtstun litt, folgte er den Kellnern in den Wirtschaften gespannten Blicks mit inniger Anteilnahme; verschlang ihre und der Essenden Reden, Lachen, Gesten. An einem hellen Mittag, da eine Dame Trauben vom Teller hob, den ihr der Kellner bot, trat er stracks in die Taverne auf den Wirt zu und empfahl sich ihm durch Gebärden und flinken Blick als Speisenträger.

Nun brachte er Mittag- und Abendmahl für alle Welt herbei. Es kam von beiden Geschlechtern jedes Alter und jeder Beruf zu seinen Schüsseln und sättigte sich. Unermüdlich schleppte er auf die Tische, fing hungrige Blicke auf und satte, räumte er ab. Nachts träumte er von malmenden Kiefern, schlürfenden Zungen und ging anderes Morgens von neuem ans Tagwerk im Bewußtsein seiner Notwendigkeit.

Erst allmählich sah er Unterschiede des Essens von schmatzenden Lippen ab. Er kannte den gierigen, weitgeöffneten Rachen des Studenten, durch den unsortierte Bissen in ein niegestopftes Loch fielen, unterschied den Vertilger eines nicht heißhungrig ersehnten, doch regelmäßig gewohnten Mahles von jenem Überernährten, der ungern zum Tisch sich niederließ und gelangweilt Leckerbissen kostete und zurückschob. Er prägte sich die kauende, trinkende Menschheit in allen Abstufungen fest und bildhaft ein.

Durch Kennerschaft wurde er ihr Berater und Führer; wies den Hungrigen feste Nahrung, bediente die ewig Satten mit Schaum und Gekröse; von ihm zu allen Tischen lief ein Band des Verständnisses. Hob der Gast nur die Karte, fiel von Napoleons Lippen erlösend der gewünschten Speise Name.

Jahrelang blieben die seine Lieblinge, deren leibliche Not die Kost stillen sollte. Ein saftiges Stück Fleisch, von kräftigen Zähnen gebissen, schien ihm die gelungenste Vorstellung. Doch machte er Unterschiede zwischen den Sorten. Ließ er Kalb und Lamm im Hinblick auf ihre festere Zusammensetzung gelten, war ihm Wild und Geflügel wenig sympathisch. Von Fischen, Austern und Verwandtem hielt er der lockeren Struktur wegen nicht das Geringste. Inbegriff guter Nahrung war ihm das Rind. Unwillkürlich sah er beim Hin- und Heimweg die Begegneten auf die Beschaffenheit ihrer Muskulatur hin an. Die erschienen ihm wohl bereitet, die über straffem Knochenbau gedrängte Materie trugen. Die Mageren verachtete er, und die mit losem Fett Gepolsterten waren ihm verhaßt. Einem gut aufgesetzten Körper folgten seine Blicke zärtlich und zerlegten ihn augenblicklich in gigots, selle, côtes und Kotelettes. In der Einbildung streute er Pfeffer und Salz hinzu, garnierte, schnitt und servierte das Ganze mit passendem Salat; dann lächelte das junge Gesicht, und hingerissen, ahnte er nicht, in welcher Zeit er lebte; unterschied Sommer und Winter, Trockenheit und Regen, Überfluß und Notdurft nicht und wußte nur: dies freut den Gast.

Immer hitziger wurde sein Trieb, dem zu Bedienenden sättigende Kost zu bieten. Gewürz und Zutat sah er nur in dem Sinn, wie sie die bestellte Speise fest und ausdauernd machen möchten. Es bildete sich in seine Vorstellung der Raum des leeren Magens, in den er wie aus Betonklötzen die Nahrung baute.

Ging der Gesättigte, der schlappen Schrittes gekommen, wuchtig zur Tür hinaus, hing Napoleons Blick an dem Schreitenden, als sei dessen Lebendigkeit sein Werk. Er brauchte das Bewußtsein schöpferischer Tat, um vor sich bestehen zu können und steigerte es allmählich zur Überzeugung, ohne ihn und seine Pflege sei die Lebensarbeit der Betroffenen nicht möglich. Diese festzustellen, merkte er die Namen der Gäste; nahm an ihrem Vorwärtskommen teil.

*

Es geschah, als er am freien Tage durch die Wege der Versailler Parks schritt, in der Einbildung, er habe gerade eine riesige Wurst mit den Höchstwerten menschlicher Nährstoffe gestopft und schnitte den Wartenden Scheiben herunter, daß aufschauend sein Auge zu einem jungen Weibe fiel, das am entblößten Busen ein Kind hängen hatte. Gebannt wurzelte Napoleon am Boden und prägte sich in aufgetane Sinne das Bild rosiger, geblähter Rundheiten an der Frau und dem Säugling ein. War das eine Apotheose seiner Träume von kraftvoller Nahrung und ihrem besten Verbrauch! Er hätte an die Nährende niederfallen und durch Umschlingung ihres und des Kindes Leibes an dem erhabenen Vorgang teilnehmen mögen.

Das geschaute Bild verließ ihn nicht und veranlaßte ihn, flüssigen Stoffen gesteigerte Aufmerksamkeit zu schenken; dann aber hob es den Wert der Frau, der bis heute ihrer geringen Lust zum Essen wegen für seine Welt nicht groß gewesen war, sich jetzt aber unter einem anderen Gesichtspunkt auf das beste ins große Tableau tafelnder Menschheit einordnete. Zum ersten Mal besah er das Mädchen an der Anrichte, dem er bisher nur den kräftigen Gliederbau hatte bestätigen müssen, und immer eindringlicher, als prüfe er es auf gewisse ihm nun einleuchtende Möglichkeiten. Er fand, sie nähme als Nahrung zu viel leichtes Zeug, belade sich mit Geblasenem und Aufgerolltem, das im Magen zu einem Nichts zusammenfiele, warnte sie vor Klebrigkeit und Süßem und forderte sie eines Tages geradezu auf, mit ihm irgendwo ein Mahl zu nehmen, das bis ins kleinste von ihm zusammengestellt, in seinem Wert für sie erörtert werden solle. Das Mädchen nahm des Mannes Kauderwelsch für einen Umschweif, willigte ein, und sie gingen an einem der nächsten Tage gemeinsam ein Stück über Land und traten in einen Gasthof ab.

Dort verschwand Napoleon und erklärte zurückkommend der schmollenden Suzanne, er habe in der Küche selbst bis ins Kleinste vorgesorgt. Mit einem Ragout vom Hammel in einer Burgunderweinsauce beginne man und gehe, alle falschen Vorspiegelungen verschmähend, geradezu auf ein wundervolles, halbblutiges Rindslendenstück zu, an das er englische Gurken und Zwiebeln habe braten lassen.

Als das Essen aufgetragen war, wies er sie, die Bissen langsam zu kauen und ohne Zukost von Brot zu schlucken. Er ruhte nicht, bis das letzte Teilchen auf der Schüssel vertilgt war und befahl ihr und sich selbst ein Gläschen Schnaps zu besserem Bekommen an.

Da nach Tisch sie draußen im Gras lagen, breitete er Arme und Beine von sich und riet ihr, ein Gleiches zu tun. Er sei ein schmächtiger Bursch gewesen und nur durch vernünftige Nahrung und angemessene Verdauung sein Gewebe fest und kräftig geworden. Dabei ließ er durch Beugung die Muskeln der Arme und Waden zu kleinen Bällen schwellen, worauf sie, in der Eitelkeit verletzt, auch ihre Glieder spielen ließ und ihn zur Prüfung der festen Beschaffenheit einlud. Doch bestritt er alles von vornherein, meinte, es sei bei ihrer bisherigen Ernährung gar nicht möglich und forderte sie auf, in Zukunft nach seinen Vorschriften zu leben. Dann werde, was nicht da sei, kommen.

Er gefiel ihr. Dieser nüchterne Sinn machte Eindruck auf sie, und sie bemühte sich, seine Erwartung zu erfüllen. Bei den nächsten Ausflügen blieb sie plötzlich stehen, bäumte den Arm auf und ließ seine Hände die Anschwellung fühlen. Doch kam durch Wochen nichts als ein Schnalzen von ihm, das ihr immerhin bedeutete, sie sei auf rechtem Weg. Bis eines Tags beim Versuch, sich ein gelöstes Schuhband zu knüpfen, sie ihm ein so mächtiges Rückenstück entgegenhob, daß eine runde Anerkennung seinen Lippen entfuhr. Gleich lag sie an seiner Brust; bot ihm den Mund zum Kuß.

Der Besitzer der Taverne starb, und Napoleon wurde Inhaber des Speisehauses. Er konnte nun schalten, wie er wollte, und entfernte vollends alle Spielereien von der Karte. Die gleichbleibende Kundschaft, er selbst und Suzanne waren gewichtig auftretende Personen geworden, die eine Rede deutlich in den Mund nahmen. Es gab in seinen Räumen kein Getuschel, sondern zu schallenden Worten dröhnendes Lachen. Ein forsches Zugreifen und Fortstellen. Überzeugte Meinungen und Entschlüsse für kühne Taten.

Napoleons Vaterunser und Einmaleins hieß: in allen Molekülen drängende Kraft. Von Suzannes Kind, das sie von ihm unter dem Herzen trug, rechnete er, es müsse nach Menschenermessen ein Herkules werden.

*

Der Ruf des Hauses hatte sich verbreitet. Einer rühmte es dem andern und brachte ihn zu einem Versuch mit. Schließlich reichte der Raum nicht, die Gäste zu fassen. Einen freiwerdenden Stuhl besetzte sofort ein anderer Hungriger. Große Tagesumsätze wurden erzielt und immer bedeutendere. Verglich aber zum Jahresabschluß der Wirt Einnahme und Ausgabe, kam kaum ein Guthaben zu seinen Gunsten heraus. Anfangs, bevor er das Ziel seines großen Rufs erreicht, ließ er es gehen; als aber dieser über ganz Paris feststand, begann die schlechte Abrechnung ihn zu wurmen. Er war nun dreißig Jahr alt, hatte große Pläne, und schien Reichtum auch nicht seine letzte Absicht, mußte er doch mit dem übrigen kommen. Nochmals nahm er die Bücher gründlich vor und stellte fest, der geforderte Preis war in Anbetracht der hervorragenden Beschaffenheit und Menge der gereichten Speisen zu niedrig. Da ihm aber einleuchtete, der Konkurrenz wegen könne er einen Preisaufschlag nicht eintreten lassen, stand er vor der Entscheidung, alles beim alten zu lassen oder die Qualität des Gebotenen zu verschlechtern. Treu seinen bisherigen Grundsätzen entschloß er sich zu ersterem, stand aber den Essenden jetzt nicht mehr mit alter Unbefangenheit gegenüber. Bei jedem Filet, das der Kellner mit schönem Schwung zum Gast niedersetzte, stellte er den Vergleich zwischen Ware und erzieltem Preis an und kam bald dazu, daß ihn eine Platte, je besser sie gelungen und je reichlicher sie serviert wurde umsomehr in qualvolle Erregung versetzte. Besonders konnte er den Blick von einem Gast nicht wenden, der mit dem Gebotenen anfangs nicht zufrieden, die Bedienung und die Küchenbrigade durch anfeuernde Reden zur höchsten Leistung für ihn angespornt hatte und nun wahre Fleischtrümmer vorgesetzt bekam, die er mit Mengen alles Erreichbaren würzte. Dazu warf er Napoleon triumphierende und anerkennende Blicke zu, die diesen anfangs erbitterten, schließlich zu heller Empörung brachten. Der Vielfraß war ein Kanzleibeamter, von dem nie ein besonderes Verdienst verlautet hatte, und der Herr des Gasthauses fragte sich ergrimmt, mit welchem Recht, für welches bedeutende Vorhaben der Betreffende eigentlich solche Anforderungen für seinen Magen stellte. Man wisse schließlich zu welchem Ende, schlänge ein Thiers, ein Balzac solche Mengen in seine Därme. Dieser Durchschnittsbürger aber schweife in geradezu widerlicher Weise aus, garniere er den faulen Bauch täglich mit solchen Prachtfleischstücken. Überhaupt begann der Wirt des Veau à la mode seine Stammgäste auf ihre Verdienste hin anzusehen und stellte vor seinem Gewissen fest, keiner habe durch Erfolge die Sorge vergolten, die man jahrelang an seiner Ernährung genommen. Infolgedessen folgte er ihrem Schlingen von nun an mit noch scheeleren Blicken, und als das Maß seines Grolls aufs Höchste gestiegen war, brüllte er eines Tages dem Hauptkoch zu, der über ein Tournedos ein volles achtel Pfund Butter goß, ob er von Gott verlassen sei und ihn durchaus ruinieren wolle.

Über all das hatte er schlaflose Nächte, bis er zu fester Anschauung sich durchgerungen hatte, die lautete: Es hat die Mahlzeit das Äquivalent zu sein der durch die tägliche Arbeit verausgabten Kräfte. Und so stellte er den Blick seiner Kundschaft gegenüber neu auf Feststellung dieser Tatsache ein und fand, er könne ruhigen Gewissens mit der Beschaffenheit und dem Maß der Portionen herunter gehen und leiste noch immer ein Mehr in den Magen der Speisenden. Auch Suzanne gegenüber, die ihm ein Mädchen geboren hatte und noch in derselben Stellung bei ihm war, nahm er jetzt diesen Standpunkt ein. Auf Grund seiner Erziehung war sie gewöhnt, ihren und ihres Kindes Körper gehörig mit ausgesuchter Eßware zu stopfen. Jetzt wies er sie hin, es sei Schande, den ungeheueren Nahrungsmengen, die sie genösse, ein so winziges Maß an Leistung gegenüberzustellen. Sie möge Leib und Geist mehr tummeln oder ihren Eßverbrauch einschränken.

Damit aber hatte der Prozeß in ihm kein Ende. War gegen Mitternacht das Geschäft vorbei, das Haus leer, blieb er am Herd zurück und begann, schmorend und bratend, Versuche mit Surrogaten zu machen, die er den Speisen beimischte, von der innigen Überzeugung geführt, er habe das Recht und die Pflicht, es den Verbrauchern gleichzutun, die auch an Stelle wirklichen persönlichen Wertes für das Menschengeschlecht falsches Vorgeben, hohle Gesten und Phrasen gesetzt hatten.

Langsam begann er danach, seine theoretischen Erkenntnisse in die Praxis umzusetzen. Äußerlich blieb alles, Name und Anrichtung der Speisen, beim alten. Bedachte er aber, wie ein Stück Fleisch durch Klopfen und Lockern der Atome angeschwollen, durch Beimischung scharfer Gewürze Kiefer und Gaumen jetzt weniger durch Kauen als durch Beize beschäftigte, schmunzelte er und trieb die entdeckte Kunst zu immer größerer Vollendung. Nun hatte er zwar am Schluß des Jahres die Genugtuung eines außerordentlichen Überschusses, fühlte aber, ihn befriedigten die Grundsätze, nach denen er heute Wirt sei, weder in Bezug auf die Beschaffenheit der Gäste mehr, noch hinsichtlich der Mittel, die er anwandte, ihre Erwartungen zu erfüllen.

An einem Sonntagabend lief dicht vor seinen Augen die Wendeltreppe zu den Räumen im ersten Stock des Restaurants ein Persönchen empor, das mit Rockrüschen und Volants wie ein Quirl über seiner Stirn hüpfte. Die Beine in weißseidenen Strümpfen nahmen zwei, drei Stufen auf einmal, und bei jedem Satz federte der Körper hoch auf in den Gelenken. Dazu flogen Haare, Federn, Pelzwerk um den Kopf, und ein empörtes Hundekläffen kam von ihrem vermummten Busen her. Mit einem Sprung schwang sie sich oben zu zwei Herren an den Tisch und rief klingenden Stimmchens: »Hunger!« Napoleon, der auf Zehen vor sie getreten war, durchfuhr's, hier sei seine ganze Speisekarte fehl am Ort, und während Röte sein Antlitz malte, schlug das Herz Generalmarsch in hastiger, aussichtsloser Erregung, was er diesem Püppchen bieten könne.

Als Madame Valentine Forain stellte sie einer der Herren vor, und Napoleons Unruhe wuchs zur Verzweiflung, als er hörte, er habe die berühmte Tänzerin vor sich, die seit Wochen Paris bezaubere. »Stillen Sie meinen Hunger mit Luft,« sagte sie, »die den Leib nicht beschwert. Sie sehen aus, als verstehen Sie Ihre Kunst. Diesem süßen Ungeheuer,« sie wies auf das safranrote Hundeschnäuzchen, das aus einer Spalte ihrer Taille schnüffelte, »reichen Sie ein Schälchen zerkleinerter Kalbsmilch.«

Einen Augenblick blieb Napoleon auf dem Gang zur Küche im Dunkeln an einen Pfeiler gelehnt, als habe er einen Schlag gegen die Stirn bekommen und müsse sich erst zu neuem Leben sammeln. Gleich aber schoß die Stichflamme der Erkenntnis in ihm hoch, hier gelte es die Zukunft, und schon spürte er den aus den Kämpfen der letzten Wochen gesammelten Willen zu etwas gänzlich Neuem als ein Lichtmeer über sich fluten. An den Herd er glitt, schnitt, mischte, quirlte; hob es in kleinster Kasserole nur eben ans Feuer, nahm's fort, als der erste Wrasen stieg, und mit vier Sprüngen die ganze Treppe nehmend, servierte er das Schüsselchen in seiner frühesten Hitze: Taubenpüree mit frischen Champignons.

Sie kostete, murmelte, schluckte und schlug ein Paar kornblumenblaue Augen lächelnd zu ihm auf. Er stürzte in die Küche zurück, setzte den Herd in größere Glut und ließ über eine Handvoll Spargelspitzen, die er den jüngsten Sprossen abgeschnitten, heißen Dampf schlagen, in dem er sie gar kochte. Im letzten Augenblick gab er eine Schwitze von Sahne und Sellerie über das Ganze. Als drittes und letztes Gericht bot er frische, geschälte Wallnüsse mit Himbeeren à la crême. Dem Hündchen aber hatte er Trüffeln an die Kalbsmilch getan.

Nun stand er unauffällig in der Nähe, sah, wie nach wenigen Bissen von jeder Platte schon die ganz sanfte Röte auf ihrer Haut lag, der Körper sich tiefer in die Kissen des Sofas drückte und aus ihrem Munde ein Fauchen, winzige Tropfen Feuchtigkeit aus den Augen kamen, ansagend, das zarte Leibchen ziehe hingegeben jetzt Kraft aus dem Genossenen. Keiner der Herren sprach in diesen Augenblicken, da auf dem Antlitz der Frau ein andächtiges Lächeln lag, mit ihr, als sei es ausgemacht. Zitternden Zwerchfells lachte Napoleon, schütternden Leibes in heller Seligkeit für sich dazu, bis ihm die Augäpfel in Tränen schwammen. Er war mit ihm eins und lobte Gott in der Höhe.

Die Begegnung wurde geänderten Lebens und neuer Ziele Anfang. Als er am gleichen Abend heimkehrend den kräftigen Leib Suzannes in den Bettkissen fand, schnitt er der Schlafenden eine angewiderte Grimasse. Wütend deckte er ein freiliegendes Rundteil von ihr zu, schloß die Augen und träumte in Wolken duftiger Seide und Band die behende Gestalt der

Tänzerin. Vor seinem geistigen Auge prüfte er die schlanken Arme, eine schmale Hand, ihre ganze zierliche Erscheinung und stellte fest, wie wenig fleischliche Person die Begnadete sei, und wie geringer Kost sie bedürfe zu künstlerischer Leistung, durch die sie eine Nation zum Entzücken hinriß. Für welche Tat aber sei der Leib neben ihm derart aufgemästet, zu welchen Fortschritten brauche er seine täglichen mächtigen Rationen? Mit was für Gesindel habe er, Napoleon, sich eigentlich bis über sein dreißigstes Jahr hin abgegeben, und welch steilen Weg müsse er bis zu lohnendem Ziel noch ersteigen! Er fühlte, keine Minute sei zu verlieren, und alles Heil ruhe im Anschluß an die verehrte Gastin. So widmete er ihr vom zweiten Erscheinen an sein Trachten und Vermögen. Dachte die Stunden bis zu ihrem Kommen nichts, als was er ihr vorsetzen, wie er ihre Erwartungen übertreffen müsse. Lief morgens vom Markt in Hallen und Krämereien; suchte, tüftelte das Frischeste, Zarteste und Rarste heraus. Zur Vorstellung ihres winzigen Kerns in einer Hülle von Tüll und Tand dichtete er aus Schaum, Krusten, Farce und Saucen das assoziierende Speisengebild; schabte, preßte in Tücher, seihte und überquirlte wohl ein dutzendmal, bis das Gekochte schwebend gleich einer Wolke zum Teller niedersank. Dann sah er es entzückt zwischen zwei leuchtenden Zahnreihen auf einer schmalen Zunge zergehen.

Einst gönnte sie ihm ein Wort der Anerkennung. Ihm schien's ein Rauschen und hallte ihm lange im Ohr. Zum Schluß riet sie, das Stadtviertel des soliden Bürgers eiligst zu verlassen und jenseits des Flusses, mitten im Herzen des vornehmen Paris, ein Restaurant zu schaffen, das trotzdem bis heute jeder entbehrte, der höchste Anforderungen an Küche und Keller zu stellen gewillt sei. Sie würde mit Freunden kommen; wolle seiner außerordentlichen Kunst Verkünderin sein.

*

So geschah's. Nachdem er in einer Seitenstraße bei der Oper das passende Lokal gefunden, verkaufte er mit Nutzen die alte Wirtschaft, ließ die Wände der gemieteten Räume mit weiß silbernen Malereien zieren, die zu dem reichen Silber, der Wäsche der Tischreihen stimmten. Ein roter Teppich deckte den Boden. Kraft eines Schlagwortes, das irgendwo auf und über die Boulevards flog, wußte Paris plötzlich von der Existenz des Chapon fin, und daß der Kenner eines gewählten Bissens dort auf seine Rechnung käme. Vier Wochen nach Eröffnung ging die beste Welt regelmäßig bei Napoleon ein und aus, als habe sie nie einen anderen Ort des Stelldicheins gekannt. Der Ruhm seiner Küche beruhte auf der Vorzüglichkeit der leichten Platten. Man konnte wohl ein Châteaubriant, ein Selle de chevreuil so gut wie anderswo bekommen, doch wies der maitre d'hôtel den Gast mit Augenzwinkern auf die Spezialität des Hauses: Muschelgerichte, Ragouts und Purées in Pfännchen; Überraschungen in winzigen Schälchen und Kasserolen. Der Gast folgte und war regelmäßig zufriedengestellt.

Denn was der Herr des Hauses für die Tänzerin erdacht, vervollkommnete, vermehrte er von Tag zu Tag. Schalentiere ließ er aus den Krusten, Geflügel vom Knochen brechen, nahm vom Tier das Gekröse, von den Gemüsen die Spitzen. Frikassierte und mischte die verblüffendsten Gegensätze, verband das Widerstrebende in Saucen von Sahne, kostbaren Eiersorten, Pilzen und duftenden Essenzen. Das letzte Geheimnis seines Erfolges aber war die »kurze Hitze«, in der die Speisen garwerden mußten. Der oberste Grundsatz hieß: was zu lange Feuer gerochen, ist für den Ruch verdorben.

Nach wie vor blieb Valentine die erste, die jede neue Schöpfung kosten mußte. Zwischen ihr und dem Patron webte nun eine schöne Vertraulichkeit, geboren aus den Blicken dankbarer Anerkennung, mit denen die Essende nach jeder von ihm selbst angerichteten Platte Napoleon beschenkt hatte. Allmählich lernten die Augen sich auch sonst suchen, nach dem lauten Scherzwort eines Gastes etwa, einer unzarten Bemerkung von irgendwoher, bei jedem Vorkommnis. Und fühlten, wie es in der Blicktiefe des anderen ein Geheimnisvolles gab, durch das das eigene Schauen wie an feinen Häkchen schmerzvoll süß haranguiert wurde. Dazu fuhr die Frau mit freundschaftlicher Würde fort, ihm Beobachtungen und Anregungen mitzuteilen, die sie aus sich selbst und von anderen zur Vervollkommnung des Betriebes nahm. Auch fragte sie ihn, legte er ihr die kostbare Pelzhülle um die Schultern, letzthin nach dem praktischen Erfolg, und er war glücklich, ihr von Mal zu Mal eine höhere Summe als erzielten Gewinn zuflüstern zu können.

Die Gefährtin seiner Lehrjahre und ihr Kind hatte er mit einer Summe abgefunden und aus seiner Nähe verbannt. Anfangs sah er sie noch hin und wieder, dann aber stand sie plötzlich im Schrank seiner Erinnerungen als Gleichnis der Hausmannskost und kleinbürgerlicher Umstände.

*

Auf den Rat seiner Gönnerin widmete er der Zufriedenheit jener Frauen besondere Aufmerksamkeit, die in kostbaren Toiletten nach dem Theater in Begleitung von Lebemännern aßen. Er merkte sich irgend ein Besonderes, eine Laune der Betreffenden und spielte das nächste Mal vertraut freundschaftlich darauf an. Das Luxusgeschöpf sieht sich vom ernsten Mann ernst genommen, errötet vor Vergnügen und wird seine treue Kundin. Neben dieser Kategorie und ihrem Anhang stellte er sich vor allem den Diplomaten und Staatsmännern zur Verfügung, indem er ihnen, kamen sie mit wichtigen Gesichtern von einer Sitzung, um zu einer Sitzung zu gehen, ein stilles Eckchen anwies, wo sie ungestört blieben, nicht duldete, daß ein Kellner sich näherte und sie durch ausgesuchte Leckereien der Bürde ihrer Verantwortlichkeit für Augenblicke enthob. Da er aber fühlte, es ging ihm im Umgang mit den Spitzen der politischen Abteilungen aus Unkenntnis ihres Wirkens und Wollens die nötige Sicherheit noch ab, lud er sie in ein abgelegenes Zimmer, durch dessen Wand er von seinem Kontor ihre Gespräche hören, ihre Mienen beobachten konnte. Da lernte er alsbald, durch welche Spitzfindigkeiten und Umschweife aus Eifersucht und Ehrgeiz der Handelnden strittige Fragen zwischen politischen Parteien des Vaterlandes oder den verschiedenen Nationen, aus ihrem logischen Gelenk gerissen, zu Entscheidungen wurden, die Zwischenfälle, Krisen und ein Mißtrauensvotum für das Ministerium hervorriefen. Er sah den Führern Frankreichs ihr Stirnrunzeln, das ironisch überlegene Lächeln und die knackende Handbewegung ab, die ein Ultimatum bedeutet, und hörte sich vollkommen in die inner- und außerpolitischen Strömungen hinein. Bald konnte er es wagen, dem eintretenden Minister, Attaché oder Abgeordneten eine so treffende Anmerkung zur gerade wichtigen Affaire zuzuraunen, daß der einen bedeutenden Eindruck von ihm bekam und weitergab. Aber auch die vollkommene Kenntnis des galanten und des Geschäftslebens verschaffte sich Napoleon durch seine Horchspalte, sah er verliebten Paaren, feilschenden Geldleuten mit angespannter Aufmerksamkeit zu, bis die in der Erregung aufgesperrten Kiefern sich krampften. Am erregendsten blieb es stets für ihn, verließ ein Teil des Paares für Augenblicke das Zimmer, und der Zurückbleibende, sich allein glaubend, verlor alle Haltung, wurde Mensch mit seinen Hoffnungen und Sorgen, zählte in der Brieftasche die Barschaft oder suchte durch Prüfung der zurückgebliebenen Kleidungsstücke des anderen auf dessen wirkliche Lebensumstände zu schließen. Kurz, der Wirt des Chapon fin wurde ein Kenner, der ins Unterbewußtsein der Menschheit hinabsah.

Binnen Jahresfrist lag Paris zu seinen Füßen. Er beherrschte es durch die vollkommenste Kenntnis seines Magens als ein gütiger Fürst und lächelte, als man ihn erst zaghaft und vereinzelt, dann ganz allgemein König Napoleon im Gegensatz zum Kaiser nannte. Rührung und Glück aber ergriff ihn, als Valentine das erstemal seine Hand suchte und drückte. Das war Beweis nicht nur geschäftlichen Erfolges, sondern auch des erreichten gesellschaftlichen Ansehens, da die Gefeierte einen sozial unter ihr Stehenden nicht vor aller Welt so ausgezeichnet hatte. Nun wuchs er von Tag zu Tag mehr in eine überlegen menschliche Haltung hinein, die veranlaßte, daß selbst der höchstgestellte Gast ihm die Hand gab, ihm gutgelaunt auf die Schulter klopfte.

Für den Mann der Provinz vollends ward es bei der Rückkehr in die Heimat Glanzstück des Berichts der in der Hauptstadt erlebten Abenteuer, konnte er nicht nur bemerken: Ich habe beim »König« gespeist, sondern hinzusetzen: der mich auf die Schulter schlug und fragte: »Nun, Baron, wie wär's mit einer Boule au jus tutu?«

*

Als er von einem fremdländischen Herrscher das erste Ritterkreuz erhalten, dessen violette Rosette er am gleichen Abend im Knopfloch trug, forderte Valentine ihn auf, sie am nächsten Tag um fünf Uhr nachmittags aufzusuchen. Er erschien nach schlafloser Nacht, dem ruhelosesten Morgen, und fand sie im Raum auf der Erde, wo sie mit dem Hund balgte. Sie sprang hoch, steckte das entfesselte Haar auf und saß gleich in einem niedrigen Sessel so nah ihm gegenüber, daß er das vergötterte Antlitz dicht vor sich hatte, es zum erstenmal andächtig sich einprägen konnte. Sie machte keine Bewegung und ließ ihn sich vollends sattsehen. Dann gab sie die Hand, die er inbrünstig küßte. Sie war selbst einfacher Herkunft und ehrte die Tüchtigkeit, die ihm seinen außerordentlichen Platz verschafft. Umgehend nur mit Männern vornehmster Geburt, fesselte sie an ihn das Band etwa gleicher Vergangenheit; bei ihm durfte sie Gefühle voraussetzen, die ihren Freunden fremd waren. In die Erzählung der Mühsale auf dem steilen Weg zum Erfolg vertieften sie sich, sprachen mit kräftig eindeutigen Worten und genossen in vollen Zügen mit kicherndem Sichlustigmachen die Schadenfreude, die sie irgendwie für eine Welt empfanden, über die sie heute jeder auf seine Art herrschten. Napoleon kramte vor ihr seine kleinen Geheimnisse, alle Mittel aus, mit denen er sich in das Vertrauen der oberen Tausend geschlichen, erzählte von seiner durchsichtigen Kontorwand. Sein Vertrauen erwidernd, gab sie ihm die Hauptdaten ihres Aufstiegs, nannte drei, vier Männer, denen sie als Frau und Künstlerin verpflichtet war, und zeigte, alsbald vor ihm tanzend, durch welche choreographischen Einfälle sie nacheinander die Menge bezwungen hatte. Sie schwebte und bog sich ohne Ziererei vor ihm, und da sie im leichten Hausrock war, wurde er durch Zufälle von Rock- und Kleiderfall entzückt. Zum Schluß einen Csardas von hinreißendem Rhythmus stampfend, kam sie aus der entfernten Ecke des Zimmers auf den Zehen gegen ihn, bei jeder Taktsenkung das Bein wie einen bohrenden Pfeil gegen sein Antlitz streckend.

Bei seinem zweiten Besuch ward sie mit reizender Natürlichkeit seine Geliebte. Diese Frau, die den Männern bisher das Bild eines buntschimmernden Vogels von phantastischer Seltenheit hatte geben müssen, blasierter Ungeduld zu genügen, war an seinem Hals das schlichte, schlanke Mädchen aus dem Volk voll naiver Hingabe. Es bedurfte nichts Außerordentlichen von seiner Seite, die Sehnsucht der Umarmten zu stillen.

Doch blieb bei dem mannigfachen Glück, das sie einander gaben, die gassenbübische Art, mit der sie alle offizielle Welt verhöhnten, höchster Genuß. Napoleon besonders war darin unerschöpflich. Größen der Geldwelt, Sterne der Wissenschaft und Kunst stellte er blitzschnell in gedrängter Plastik hin und knickte dann mit witzigem Einfall das Pathos ihrer Geste. Berühmte politische Personen ahmte er nicht nur in Tonfall und

Haltung nach, sondern auch, wie er in der Betroffenen Art mit riesigem Wortschwall durchsichtige Tatsachen in ein Chaos verwirrte. Während sie vorgebeugt aus den Kissen ihm zusah, führte er dramatische Szenen auf zwischen den Botschaftern zweier Staaten etwa, in deren Verlauf die beiden, sich über eine unsagbare Nichtigkeit unsagbar albern und aufgeblasen unterhaltend, allmählich anstelle der verbindlichsten Umgangsformen eine immer steifere Haltung, schroffere Bewegungen setzten, bis sie schließlich wie zwei schmollende Gockel hochmütig auseinanderstelzten. Er erzählte, mit welchen Torheiten und Zufällen sich das Schicksal der Gesetzesvorlagen in den verschiedenen Kommissionen, die nach den offiziellen Sitzungen bei ihm fortgetagt, meist entschieden hatte; sie gab ihm Einsicht in abertausend Spitzfindigkeiten, die die auf die Liebe gestellte Frau der Gesellschaft anwendet, sich ihre Launen und ihre Lust, am öffentlichen Leben teilzunehmen, zu erfüllen. Wie oft habe sie selbst ihre Gönner in hohen Stellungen aus Eigensinn zu unsinnigen, folgenschweren Entschlüssen bestimmt und den Reportern, die ihr das Haus einliefen, noch dazu phantastische Lügen aufgebunden! So reinigten sie sich, das Thema unaufhörlich variierend, innerlich von dem Respekt, den proletarische Herkunft ihrer Jugend auferlegt hatte, und wurden lächelnde Verächter der feinen Lebensformen und des guten Tons, den sie wie den Stil in einem Drama von Corneille oder einer Molièreschen Komödie agierten, während ihnen aus ihrer Liebe ein herzliches Wort, eine menschliche Bewegung gleichnishaft dazu immer gewärtig war.

Im Geschäft dehnte Napoleon die Herrschaft, die er über Franzosen besaß, auf die übrige Welt aus. Er hatte London, Petersburg und Wien gesehen, Verbindungen angeknüpft und befestigt, manche Anregung mit heimgenommen. Sein Haus wurde an der Themse und Donau berühmt, bei Sacher und Claridge fand man Platten »Au Chapon fin«. Es scheiterte auch sein Vormarsch an die Newa nicht wie der seines unsterblichen Namensvetters. Als der fünfzigste Geburtstag vor der Tür stand, war sein Ruhm über zwei Erdteile verbreitet, der größere Teil der zivilisierten Menschheit aß streng nach seinen Einfällen und Vorschriften. Er besaß ein fürstliches Einkommen und hatte die kluge, ihn immer anfeuernde Frau an der Seite, zu der die Beziehungen nicht legitimiert waren, die er aber leidenschaftlich und zärtlich liebte.

Da man vierzehn Tage vor seinem Fest vom Krieg mit Preußen zu sprechen begann, und die Gäste stürmischer seine Meinung wollten, blieb er lächelnd ruhig und verneinte jede Möglichkeit eines Ausbruchs von Feindseligkeiten. Er wußte aus besten Quellen, kein ernsthafter Politiker glaube wirklich an den Krieg; er war gewiß, es handle sich wieder einmal um die Prestigefrage, das sattsam bekannte Händeknacken und schmollende Gockeltum. Aber auch als die Regierung unter einem frivolen Vorwand die

Schiffe hinter sich verbrannt hatte, blieb Napoleon in tiefster Seele ruhig. Er, der wußte, hohe Politik wird gemacht, um ein paar Dutzend Ehrgeizigen in jedem Land Vorwand für eine Karriere zu geben und ihren Heißhunger nach öffentlichem Bekanntsein und Sensationen, mit denen ihr Name verknüpft ist, zu befriedigen, war überzeugt, man werde unverzüglich diesen Wichtigtuern Genugtuung geben, indem man sie mit Titeln, Orden und sonstigen Auszeichnungen von überallher so reichlich fütterte, daß sie satt werden mußten. Was den Frieden bedeutete. Einen Willen der Völker stellte er nicht in Rechnung. Er hatte gelernt, es wird mit ihnen kurzerhand nach Gutdünken der Regierung verfahren. Sie sind es seit ewig gewohnt, wissen und wollen nichts anders. Sagen heute zu schwarz schwarz und morgen zu schwarz weiß. Es genügt, ihnen zuzurufen: Das Vaterland ist in Gefahr! Sie fragen niemals: Durch wen im letzten Grund? Lassen sich bewaffnen, morden jeden Beliebigen als Erbfeind, erst zögernd, dann, aus Gewohnheit, mit Überzeugung und Hochrufen. Valentine gab ihm recht. Sie verspottete alles, Regierende und Regierte. Verbreitete Erzählungen, die die Albernheit der Diplomaten in ein fabelhaftes Licht setzten, militärische Maßnahmen des Generalstabs dem Gelächter preisgaben. Beide griffen mit Wollust nach jedem Gerücht, in dem sich irgendeine großartige Dummheit manifestierte, fütterten, hätschelten es und waren vor Freude außer sich, akzeptierten es selbst diejenigen mit feierlichem Ernst, die aus ihrer übergeordneten Stellung heraus seine Sinnlosigkeit sofort hätten einsehen müssen. Mehr als der Friede gab der Krieg ihnen unablässig Gelegenheit, die blöde Einfalt der Welt auf Schritt und Tritt zu erkennen und sich über sie zu erheben. Die einfache Tatsache, daß sie durch Einsicht in politische Zusammenhänge die Lügenhaftigkeit aller Vorwände für den Krieg einsahen, gab ihnen vollkommen innere Unabhängigkeit von ihm.

So konnten sie sich, während ringsum alle Welt immer tiefer in das verwirrte Auf und Ab der Geschehnisse verstrickt wurde, auf Grund einer wirklichen Überlegenheit entschieden von den Menschen trennen. In ihre Seele trat das Bewußtsein höherer Bestimmung, das sich in den Antlitzen malte. Sie lebten jetzt und webten auf Wolken hoch über dem gemeinen Volk. Lächelten unbetroffen erhaben zu allen Unglücksfällen und Exzessen, die die Folgezeit in unaufhörlichem Aufeinander brachte. Die vollendete Katastrophe des Vaterlandes führte sie auf den höchsten Gipfel innerer Erhebung. Es lagen ringsum nicht nur die Mitbürger ihrer erkannten Weisheit, Napoleon und Valentine lagen einander und jeder sich selbst bewundernd und andächtig zu Füßen.

*

Eines Tages trat auf in Paris, was man die Kommune nannte. Sie zerschlug die Spiegelscheiben des Chapon fin, zertrümmerte alles Gerät im Innern und setzte Valentine und Napoleon, jeden für sich, ins Gefängnis. Als es nach

Wochen Napoleon durch einen Zufall gelang, sich zu befreien, erfuhr er, die Gefährtin seines Lebens sei, an die Wand gestellt, erschossen. Ihm fielen die Beine unter dem Leib fort, und tagelang schleppte er sich aus Gassen in Felder an Flußrändern entlang, ohne Licht und Finsternis scheiden zu können. Das erste Bewußtsein von sich empfing er durch einen Stoß vor die Brust, den ihm ein deutscher Landwehrmann gab. Doch schwand es wieder, bis eines Nachts, da er auf einer Pritsche lag, Erinnerung an Valentine ihn überfiel. Sie war rosa und wie eine tanzende Guirlande anzusehen, die sich immer enger um ihn schlang und ihm endlich die erste Träne, dann Tränenströme aus den Augen schnürte. Nun sank er hin, aufgelöst in ein unendlich weiches und warmes Weh. Lange erschütterte es seine Glieder und hüllte die Welt in feuchte Schleier. Es trat aber der Vergleich seiner elenden jetzigen Lage und alles Gewesenen hinzu und erfüllte ihn mit Haß gegen die Menschheit und den Schöpfer. Tiefer kroch er in sich hinein und häufte Anklage auf Anklage gegen die Welt. In einer dunklen Nacht stand er plötzlich vor den mit Brettern vernagelten Fenstern seines Lokals — noch hafteten einige goldene Buchstaben des Schildes — und in das Loch plötzlich riesengroßer Erkenntnis fiel die Summe fünfzigjährigen Lebens: ein blankes Nichts und Einsamkeit.

Trotz und Empörung stachelten ihn zu neuem Tun. Gegen die Ungunst der Verhältnisse wollte er sofort versuchen, Mittel zu neuem Anfang zu schaffen, des gleichen Abends aber legte er sich irgendwohin nieder, spürend, es leide seine Natur nicht, daß man sie um das bestehle, was ihr vor allem notwendig sei: ungestörte, hingebende Trauer um Valentine. So suchte er sich einen Platz, der ihm nur das tägliche Brot gab. Früh am Nachmittag aber schon schloß er sich in seine Kammer ein, stopfte Fenster und Schlüssellöcher, legte sich aufs Bett und begann, die Frau von den Toten heraufzudichten. Nachdem er sie zuerst bis in die kleinste Einzelheit körperlich vor sich wieder hergestellt, ging er sein Leben mit ihr vom frühesten Anbeginn an durch. Um keinen Augenblick ließ er sich betrügen, repetierte die einzelne Situation so oft, bis sie in lebendiger Wahrhaftigkeit vor ihm stand. Jene erste, da sie mit Rockrüschen und Volants wie ein Quirl über seiner Stirn die Treppe hinaufgehuscht war. Die Beine in weißseidenen Strümpfen nahmen zwei, drei Stufen auf einmal, er sieht sie im Gelenk flitzen, und da — das aber hat er damals nicht gesehen — erscheint blitzend am Knie die goldene Strumpfbandschnalle. Wahrhaftig, als Wirklichkeit dauerte, vor lauter Schauen und Staunen hatte sein Bewußtsein sie nicht gefaßt. Und heute erstand sie das erstemal zum Leben, beschworen durch seine unwiderstehliche Zärtlichkeit. So drang er inständig weiter in Erinnerung ein und entriß ihr, mit Hingebung und Andacht um ein Nichts und den Bruchteil einer Sekunde kämpfend, so viel Nichtgespürtes und Nichterfahrenes, daß er ein völlig neues, reicheres Leben mit der gestorbenen Freundin führte.

Als er bei jener Epoche angekommen war, in der sie ihr irdisches Leben beendet hatte, brachte er sie leicht über die Klippe des leiblichen Todes handelnd und redend in die jetzige Zeit hinüber und sah sie Stellung nehmen zu seinem augenblicklichen Dasein. Er müsse, da die Verhältnisse sich allmählich wieder zur Ordnung fügten, den sinnenden Zustand aufgeben, an äußeres Fortkommen und eine neue bedeutende Einstellung zu neuen Umständen denken.

Hatte ihm der Krieg nicht tiefere Einblicke in Fragen der Ernährung, Möglichkeiten der Rohstoffverarbeitung gegeben, als jede Situation vorher? Welche außerordentlichen Aufschlüsse hatte die zweckmäßige oder unzweckmäßige Ernährung eines Heereskörpers, der Bevölkerung einer belagerten Stadt, welche Klarheit vor allem das Befinden des eigenen Körpers nach dieser oder jener leiblichen Zumutung ihm verschafft! Das eine mindestens war zur Evidenz klargeworden: Weit über die Notdurft hatte der Mensch vor dem Krieg gegessen und getrunken. Es schien Napoleon fernerhin ein Unding, das bisher übliche Mittagsmahl von sechs oder sieben Platten, ein Abendessen von fast gleichem Umfang zu servieren. Millionen hatten größere Arbeitsleistung, höheren Schwung bei einem Stück Brot und wenigen Kartoffeln bewiesen als Generationen vorher bei einer täglichen Unzahl von Gerichten. Es schien ihm hohe Pflicht, die gewonnenen Erkenntnisse dem Publikum sofort praktisch zu demonstrieren.

Er gab Valentine vollkommen recht. Sie habe nicht nur dem eigenen Leib nie mehr als das Notwendige zugemutet, sondern sei auch Anlaß gewesen, daß er den Gästen das Leichteste und Verdaulichste geboten. Doch in viel zu viel Platten auf einmal. Von jetzt ab müsse er in zwei, drei Gerichte zusammendrängen, was der Magen zur Speisung des Organismus brauche, und ihm zugleich die volle Wollust eines reichlichen Mahles vermitteln.

Während er also die am Leben gebliebenen Gönner aufsuchte und zu seiner Unterstützung vermochte, während die so lange leer gebliebenen Räume seines alten Heimes allmählich in strahlenden Stand gesetzt wurden, unterrichtete er sich methodisch über die wissenschaftliche Zusammensetzung der verschiedenen Nahrungsmittel, über ihren Gehalt an Eiweiß, Kohlehydraten und Fett. Er machte Tabellen und Exempel über Exempel und errechnete an glückseligen Tagen eine neue ideale Speisenkarte, auf der er jeden, auch den verführerischsten Namen einer Platte, sofort durch arithmetische Zahlen ersetzen konnte; aus der man mittels zweier Speisen einen ausreichenden Nenner sämtlicher für die Ernährung wichtigen Stoffe erzielen konnte. Hatte aber anfangs Notwendigkeit, die gewollten Einheiten in ein Gericht unterzubringen, vielleicht auf dessen gastronomische Vollkommenheit gedrückt, ging jetzt auf Spaziergängen Napoleons Phantasie der erklügelten Platte von allen Seiten zu Leibe, wie ihre Schmackhaftigkeit und Anrichtung auf die höchste

Höhe zu bringen sei. Und da ihm ein über das andere Mal die Hitze des Entdeckerglücks ins Gesicht stieg, fixierte er endgültig die Gerichte, mit denen er künftige Menschen aus der Schwächung durch den Krieg zu frischem Leben führen wollte.

*

Der Erfolg an der wiedereröffneten Stelle war nicht so überraschend und bedeutend wie das erstemal. Schon nach wenigen Tagen stellte der Wirt fest, er hatte es mit lauter Unbekannten zu tun, die nicht Empfehlung, sondern Zufall und Laune zu ihm geführt. Der riesige Kreis seiner alten Gäste war vom Erdboden verschwunden. Doch stählte diese Erkenntnis seine Kräfte, da ihm einleuchtete, es brachten die Neulinge auf Grund liebgewordener Gewohnheiten keine Voreingenommenheit mit. So verließ er Monate die Küche nicht, wo er mit Anspannung aller Kräfte die gewonnenen Grundsätze in die Tat umsetzte. Vor allem mußte er die Köche von der Richtigkeit seiner Ansichten überzeugen, daß die nötige Herzenslust zur Arbeit ihnen nicht fehlte. Erst als unten die Wirtschaft geregelten Gang ging, betrat er die Räume des Restaurants wieder und suchte Fühlung mit den Gästen.

Vom Ton zwischen ihnen und den Kellnern ward er zuerst betroffen. Es gab keine Unterhaltung über die zu wählenden Speisen, nicht einen Scherz, kein interessiertes Hin und Wider. Kurze Kommandos flogen. Der Bedienende, geneigten Hauptes stumm, machte kehrt. Man aß schnell, ließ sich nicht mit Behaglichkeit nieder. Kaum, daß man die Kissen drückte. Zur Verdauung gab sich niemand Zeit. War der letzte Bissen genossen, fuhr der Gast in die Höhe und verschwand. Rote Köpfe, fettgeränderte Lippen, müde Scheitel, die sich in die Sofarücken lehnten, Hände, mit geschwollenen Adern aufs Gedeck gebreitet, sah Napoleon nicht mehr. Es wehte nicht der Atem einer allgemeinen glückseligen Sattheit nach Tisch und des Dankes gegen Gott und den Wirt durch den Raum. Steif und gereizt fast saß der Kauende und vermied, auch nur von sich fortzusehen. Das war nicht ein geänderter Kundenkreis, das war das Gesicht einer anderen Welt, erkannte Napoleon.

Es war klar: andere Ideale herrschten in neuen Menschen. Der Krieg hatte die Machthaber von ehemals vernichtet. Es saßen nicht mehr die Glieder alter Familien an seinen Tischen, die in oft jahrhundertelangem Ringen Ansehen und Vermögen an sich gebracht und es zu brauchen wußten; er bediente nicht mehr die dreifache Aristokratie des Adels, ererbten Reichtums und des Geistes. Hier trat eine Rasse auf, die durch den Umsturz aller Verhältnisse an die Oberfläche gespült, behend zugegriffen und in der allgemeinen Verwirrung, bei einer sentimentalen Erschlaffung der Besitzenden, sich übermäßig und skrupellos bereichert hatte. Den Sack voll Gold, saßen sie unkundig seines Verbrauchs, gierig, die Allüren der

Wissenden sich anzueignen, elend und leer mit der einzigen Geste schweigender Abwehr. Stumm und in der Bewegung beherrscht, konnten sie für unterrichtet gelten. Sprachen sie, wurde ein Wirken der Glieder notwendig, klappten sie zu völliger Ohnmacht zusammen.

Nachdem er aber eingesehen, die Zurückhaltung der Gäste sei in einem Zuwenig begründet, ließ er seine beherrschte Unterwürfigkeit und ging langsam, doch eindringlich zum Angriff gegen die maskierte Gesellschaft vor. Wie ein Dieb brach er in gepanzerte Unnahbarkeit, legte ein harmloses Sätzchen als Köder vor und amüsierte sich göttlich, ließ der geschmeichelte Heraufkömmling sich aufs Eis überkommener Begriffe locken und legte eine geradezu erbarmungswürdige Blöße an den Tag. Hatte er hinter undurchdringlicher Maske jemandes Vertrauen gewonnen, ließ er den Getäuschten das eigene Selbstbewußtsein ausbreiten, das sich fast immer stützte auf alberne, mit Emphase vorgetragene Gemeinplätze über den Krieg, Heldentaten, die der Betreffende irgendwie während des Feldzugs vollbracht haben wollte; dann kamen Napoleons Einwürfe aus dem Schatz des Herkommens, Namen ausgezeichneter Menschen der Vergangenheit, bedeutender Erfindungen, irgendeiner Geistesgroßtat. Am höchsten hüpfte sein Herz vor Freude, konnte er durch einen einzigen Kulturbegriff, den er wie einen spitzen Pfeil dem Gegner in die Parade flitzte, diesen bis auf die Haut entlarven.

Nun fing des Abends im Bett ein Gekicher an, das grausamer und schonungsloser war, als jenes einstige Lachen mit Valentine über Narrheiten einzelner Zeitgenossen vor dem Krieg. Hier fand Napoleon eine ganze Welt närrisch; ihren einzigen Ehrgeiz, Geldgewinn und Beurteilung des Menschen nach seiner Eignung dazu, über das Maß abgeschmackt und kahl. Während seine Geschäfte noch gut gingen, sah er schon die Kluft sich auftun zwischen einer modernen, rein merkantilen Weltauffassung und dem eignen Universalismus. Mit Ergriffenheit spürte er, wie zum erstenmal er hier von Valentine sanft sich schied. Er wußte, auch für die schrecklich veränderte Welt hätte sie nur gutmütigen Spott gehabt, in ihm aber kam von Tag zu Tag stärkere Empörung herauf, die ihn schließlich völlig beherrschte.

Ihm schien jetzt, die fröhliche Überlegenheit, die mit dem fortschreitenden Alter Valentines immer friedlicher und harmloser geworden war, hätte ihn schon in der letzten Zeit ihres Lebens gereizt. Hatte sie nicht schließlich, nachdem man sich gehörig ausgelacht, immer eine Entschuldigung, irgendeine Güte für den Verspotteten gehabt? Er war durchdrungen, sie würde es heute nicht anders machen, ja sie möchte zur Nachsicht noch viel geneigter sein, und zürnte ihr darum. Je mehr seine Abneigung gegen das Publikum wuchs, je hassenswerter ihm die Erscheinungen wurden, um so mehr schob er Valentine den unbeugsamen Willen zu, alles zu begreifen und zu vergeben. Es begann ein täglicher

Kampf, unaufhörliche Auseinandersetzung mit der Welt einerseits und dem lebendigen Bild der geliebten Frau auf der anderen Seite, der ihn zermürbte und elend machte. Doch blieb allen Einwendungen gegenüber sein dumpfer Haß schließlich siegreich. Jahre hindurch hatte er nun nichts mehr von Freundlichkeiten und Lieblichkeiten des geselligen Lebens bei sich gesehen. Es war der Sinn für Blumen und brillante Überraschungen, Tollheiten und geistreich Unvorhergesehenes geschwunden, nicht mehr gab es die über das Mannesbewußtsein als Spenderin alles Glücks erhöhte und angebetete Frau. Kein Lachen herrschte mehr und kein Verschwenden, nicht Laune und Überlegenheit. Wohin er hörte: Geschäfte. Ziffern, wohin er sah. Das Dach des Hauses schien auf ihn zu stürzen, als eines Tages ein Gast, kühl und korrekt, an dem er mit witziger Bemerkung sich gerieben, ihm ein Goldstück als Trinkgeld anbot.

Da lief das bis zum Rand gefüllte Gefäß über. Von jenem Abend bis zum andern Morgen grub sich eine Falte zwischen seine Brauen, die Lippen preßten sich aufeinander. Er hatte fortan nicht nur keine Teilnahme für die gute Bedienung der Gäste, sondern genoß mit Schadenfreude ein Glück, sah er in irgendeinem Antlitz Enttäuschung über die angerichtete Speise. Schnell ward sein geänderter Sinn den Kellnern, Köchen offenbar. Sorgfalt und Gewissen floh. Immer häufiger gab es unzufriedene Gesichter der Essenden. Unbewegter Miene schlürfte der Wirt jedes Quentchen Wut, dessen Ausdruck er erhaschte, und berauschte sich daran. Ganz nach vorn wuchs sein Gesicht. Stechenden Blicks, geblähter Nase schnüffelte er sich in das Empfinden der neuen Welt; trank, wie bitter es schmeckte, sie völlig aus und spürte zum anderen Male deutlicher und als Entscheidung: in dreißig Millionen Narren besaß die Nation nur noch einen Sinn: das Geld, und jeder, dem der Erwerb wie immer geglückt war, war im eigenen und im allgemeinen Urteil Person. In Napoleons Auffassung aber war er ein Räuber, ein Scheusal, das die Anarchie der Vernunft während des Krieges benutzt hatte, den durch Überlegenheiten und Mühsale in Generationen erworbenen Familienbesitz des Landes an irdischen und himmlischen Gütern zu zerstören. Es kamen die Häuptlinge der neuen Geldaristokratie zu ihm. Fett, frech und verlegen stümperten sie mit ihren Weibern Geselligkeit.

In Napoleons Hirn stieg wie ein Bläschen zuerst der Gedanke an Gift, das ihnen zwischen die Speisen zu mischen sei. Bald machte er sich im Denken breiter, und endlich beherrschte er sein Trachten ganz. Von irgendwoher hatte er sich das ansehnliche Quantum Arsenik verschafft, das ihm nun seit Tagen in der Tasche brannte: es wie ein harmloses Gewürz in die Teller zu streuen, abzuwarten, bis die Wirkung, die in den Eingeweiden wühlte, ins Auge brach. Glut stieg ihm ein über das andere Mal in die Haare, bis er fühlte, im nächsten Augenblick widerstände er dem ungeheueren Verlangen nicht mehr.

Da riß er die Tür zur Gasse auf, und barhäuptig im Galopp, als wälzten sich Lavaströme auf seinen Fersen, entlief er der Straße, dem Stadtviertel, der Bannmeile von Paris; sank draußen ins Feldgras, schluchzte, daß die Knochen bebten, schluchzte sich und die Erde naß.

Er zog die Landstraßen entlang, durch Märkte und Städte. Blieb aus Zufall irgendwo Monate, Jahre als Aufwärter, Hausknecht, Gelegenheitsarbeiter. Sein Weltbild wurde auf gleicher Basis runder und mannigfaltiger. Überall sah er die vom Kampf ums Dasein betäubten Massen, von rücksichtslosen Unternehmern an Kessel und Maschinen geschmiedet, Waren verfertigen, für die aus schließlichem Mangel an Absatz, so rechnete Napoleon, über kurz oder lang durch neue Kriege mit neuen Hekatomben zerfleischter Menschen neue Abnehmer in zu erobernden Provinzen gewonnen werden mußten.

Hellen Bewußtseins trat er aus diesem Lauf der Geschicke aus. Den Gedanken an Erwerb riß er mit allen Wurzeln aus seiner Seele, erlaubte sich keinen Besitz über die Notdurft. Das von aller Welt gesonderte Dasein gab ihm Person und Überlegenheit; der Mangel an Eigentum, Unabhängigkeit und freie Bewegung. Von einem Tag zum andern hatte er durch einen einzigen Entschluß Verfügung über sich und die Welt nach allen Seiten gewonnen, und ein erlöstes Lachen trat in sein Gesicht. Jetzt, wo er auch stand und ging, war er bloßer Zuschauer der menschlichen Komödie, an der er, weil durch eigene Qual nicht mehr verbunden, gutmütige Kritik übte. Da war es, daß er sich dem vergessenen Andenken Valentines wieder offiziell und innig vermählte, der er, wie er sich nun gestand, während seine Vernunft ihre Einflüsse bekämpfte, ahnend nachgefolgt war.

Eines Tages stand er vor jenem Eckhaus, an dem sich die Steinwege nach Nivelles und Genappes treffen; in dem er geboren war. Niemand kannte ihn dort. Alles Verwandte war tot. Als zwölfjähriger Knabe war er hier fortgegangen, der Wiedergekehrte zählte fünfundsechzig Jahre.

Aber im Wirtshaus wußte man seine Geschichte. Erzählte Grandioses, Historie von ihm. Mehr war den Erfolgen dieses heimischen Napoleon die allgemeine Teilnahme und Bewunderung zugetan, als dem Korsen. Man wies ihm, der sich nicht zu erkennen gab, gerahmte Zeitungsnachrichten, in denen es hieß, wie ganz Außerordentliches von ihm in verschiedenen Zeitläuften ausgerichtet war — »und angerichtet,« wie ein Witziger hinzufügte. Länder samt ihren Fürsten, die zivilisierte Welt von West nach Ost habe schließlich ihm, dem vlämischen Bauernsohn, einmütig zu Füßen gelegen. Mit nachdenklichem, gerührtem Erstaunen hörte Napoleon die mannigfachen Erzählungen und entsann sich der Kreuze und Sterne an rot und grünen, an gestreiften Bändern, die irgendwo in einer Schublade lagen.

*

Am Rand des unvergleichlichen Wälderkranzes, der Brüssel einsäumt, liegt in einer Talsenkung an der Straße von Quatre-bras nach Waterloo das Schlößchen Groenendael; ein weißes, einstöckiges Haus aus dem Empire. In vergangenen Zeiten eine Abtei, wurde es im neunzehnten Jahrhundert Wirtshaus, in das die besseren Bürger Brüssels auf Ausflügen einkehren. Dort ganz nah der Stätte seiner Geburt, nahm Napoleon einen Platz als Kellner. Seine Jahre, die schwachen Füße erlaubten ihm angestrengten Dienst nicht mehr. Hier war im Winter nichts, im Sommer an Wochentagen wenig zu tun. Nur Sonntags mußte er sich ein wenig tummeln. Doch nahmen die Gäste seiner viel Rücksicht und blickten mit neugieriger Erwartung ihm entgegen, trug er das hochbeladene Brett auf sie zu. Jeder hatte ein Wort für ihn, dem er freundliche Empfindung unterlegte, alle Anrede begann mit Umschreibung und Entschuldigung fast. Nicht, was er brachte, er selbst, wie er's ausführte, blieb Gegenstand teilnehmender Aufmerksamkeit, gutmütigen Staunens, und stand das Gewünschte auf dem Tisch, strahlte ihm alles Verwunderung und Anerkennung zu. Aber auch Napoleon selbst lachte in heller Befriedigung über das ganze Gesicht. Der Wirt mit seiner Familie merkte das Gefallen der Gäste an dem alten Mann, behandelte ihn mit Rücksicht und ließ ihn ungestört und ungescholten seine Tage hinbringen.

So kam von außenher alsbald kein Mißlaut mehr in sein Leben, das im ruhigen Gleichmaß ging. Den Frühling sah er, Gottes himmlische Wärme in bestimmten Abschnitten über die Erde kommen, auf den Hügeln Buchen grünen, Kühe über die beblumte Wiese weiden. Menschen aller Art aber wandelten zu allen Jahreszeiten in einem schönen, landschaftlichen Panorama vor ihm. Lange sah er sie als deutliche Figuren mit Lärm und eigener Bewegung, dann noch wie scharfe Schatten. Allmählich aber lösten sie sich still in umgebende Natur auf.

Die sich in seine Seele wie ein vollkommenes Gemälde spannte, das er mit Andacht schaute. War die Sonne mild, trat er unter Bäume und blickte das Warme an, das um ihn summte. Dort strahlte ein Vogel lang dasselbe Lied; dann flog er wie Licht zum andern Baum hinüber. Hier putzte das Eichhorn sich schnurrig geduldig zum Goldbraun der Stämme, Blindschleiche kroch mit dem Schatten ins Helle und züngelte. Dann faltete Napoleon die Hände, stieß entzückte Seufzer aus und legte sich lang ins Gras. Den Blick zum ewigen Himmel aufgeschlagen, hatte er die gesamte Schöpfung, Ton, Raum und Licht mit eins in der Netzhaut.

An Vergangenheit, viel Macht und Ehre, viel Leid und Elend, häusliches und bürgerliches Wesen, an einzelnes erinnerte er sich nicht mehr. Manchmal tätschelte er die Kuh, den Hund und dachte nichts dabei. Er wurde gar sehr schwach. Das war ihm eitel Wollust. Als die letzte, größte Schwäche kam, war er gut und fromm.

9 789356 903579

Printed at Repro India Ltd.